Die staatsrechtliche Stellung
der
Handelskammern.

Von

Philipp Zorn.

I. Allgemeines.

1.

Der moderne Staat ist in allmählicher Entwicklung herausgewachsen aus den einzelnen Land- und weiterhin Stadtgemeinden. Die Aufgabe des Staates war und ist allezeit geblieben: Schutz und Ordnung des Gesamtlebens des Volkes durch Rechtsprechung und Verwaltung. Dabei war die Organisation des Rechtsschutzes immer die erste Aufgabe des Staates; denn in der vom Staat geschaffenen Rechtsordnung bestand die Sicherung des Arbeits- und Erwerbslebens der einzelnen. Weiterhin schlossen sich die einzelnen Erwerbszweige in freien Vereinigungen zusammen zu gemeinsamer Förderung ihrer Interessen. Erst auf einer höheren Stufe der Entwickelung tritt auch der Staat in diese Aufgaben ein und daraus entsteht die Organisation der Verwaltung.

In Brandenburg-Preußen ist diese Stufe erreicht mit dem Großen Kurfürsten und in großartiger Gestaltung mit Friedrich Wilhelm I., dem Schöpfer des heutigen preußischen Verwaltungssystems.

Eine besondere Stellung im Erwerbsleben des Volkes nahmen zu allen Zeiten der Handel und die ihm dienenden Gewerbe ein. Hier ergab sich zuerst das Bedürfnis freier Vereinigungen zur Wahrung der gemeinsamen Interessen. Schon im frühen Mittelalter bildeten sich demgemäß solche Vereinigungen, und es ist in den Blättern der deutschen Geschichte verzeichnet, welche Bedeutung diese Vereinigungen in der Form der Gilden und Zünfte hatten, wie sie allenthalben das gesamte Regiment in den Städten gewannen, und wie sie in großen und machtvollen Städtebünden in die deutsche Geschichte eingriffen, ja ihren Einfluß weit hinaus über die deutschen Grenzen erstreckten. Die große historische Gestalt dieser Entwicklung staatsfreier kaufmännischer Vereinigungen ist die Hansa.

Die Vereinigungen von Handel und Gewerbe stellten in dieser Entwicklungsperiode in den freien Reichsstädten den Staat selbst dar, während in den landesherrlichen Territorien das Stadtregiment in ihren Händen lag und die landesherrliche Macht vielfach von diesem Stadtregiment abhängig und ihm sogar untergeordnet war, bis es der landesherrlichen Gewalt gelang, diese Macht zu brechen und der Staatsgewalt ein- und unterzuordnen. In Brandenburg-Preußen ist auch diese Entwickelung ein Stück der großartigen Staatsarbeit des Großen Kurfürsten und besonders Friedrich Wilhelms I. Darauf ist hier nicht näher einzugehen; die Entwicklung ist von Schmoller und Ernst von Meier in ihren Werken zur Geschichte der preußischen Verwaltung in ausgezeichneter Weise klargelegt.

2. So entstand im modernen Staate allmählich die weitausgedehnte Staatsverwaltung als die Ordnung, Beaufsichtigung und Leitung für das gesamte Erwerbsleben des Volkes. Organ und Träger dieser Verwaltung waren die vom Landesherrn geschaffenen Behörden und ernannten Beamten. Immer weiter hat sich diese Staatsverwaltung ausgedehnt, und die heute viel erörterten Probleme der Sozialisierung bilden den Höhepunkt, den diese Entwicklung in unseren Tagen erreicht hat. Der künftige Staat wird in erster Linie Verwaltungsstaat sein.

Neben dieser immer steigenden Entwicklung des Staatsgedankens und der aus ihm geborenen Staatsverwaltung steht aber in den germanischen Ländern — vorab in England, weiterhin in vollkommen selbständiger Weise in Deutschland — der Gedanke der Selbstverwaltung in der Wahrnehmung von Volksinteressen durch freie, nicht vom Staat bestellte Organe, der in der ältesten deutschen Geschichte seine bedeutsamen Anknüpfungspunkte hat.

Der Selbstverwaltungsgedanke erscheint in der deutschen Entwicklung in doppelter Form; diese Unterscheidung muß gemacht werden; leider hat ihr die Theorie des Verwaltungsrechtes bis jetzt nicht in genügender Weise Rechnung getragen. Einmal im Rahmen der allgemeinen Verwaltung zur Pflege der Gesamtinteressen des Volkes als Seitenstück und Hilfsorgan der allgemeinen Staatsverwaltung. Die Selbstverwaltung dieser Art hat ihren historischen Anknüpfungs- und Ausgangspunkt in der ältesten deutschen Gemeindeverwaltung. Die Gemeindeverwaltung war in Deutschland immer Selbstverwaltung und ist dies bis zum heutigen Tage geblieben in den freien Landgemeinden in ununterbrochenem historischem Zusammenhang. Vom „selbständigen Gutsbezirk" in den deutschen Kolonisationsgebieten des Nordens und Nordostens kann hier abgesehen werden. In den Städten wurde die freie Selbstverwaltung, die fast allenthalben zur „verfaulten Oligarchie" (Schmoller) eines habsüchtigen Patrizier-Regimentes geworden war, am Ausgang des Mittelalters gebrochen durch das segensreiche Eingreifen der landesherrlichen Gewalt und für einige Zeit ganz in die Staatsverwaltung aufgelöst, bis durch den Reichsfreiherrn vom Stein ihre großartige Wiederherstellung in der Städteordnung von 1808 erfolgte; auf der Grundlage dieser Steinschen Gesetzgebung steht heute die Selbstverwaltung der Städte in ganz Deutschland. Für die Landgemeinde bedurfte es im wesentlichen nur einer Weiterbildung der älteren Einrichtungen in moderne Formen. Aber die gewaltige Entwicklung des heutigen Erwerbslebens machte es zur Notwendigkeit, auch für die höheren Stufen der Verwaltungsorganisation, die Kreise und Provinzen, selbständige Organe der Selbstverwaltung zu schaffen, was durch die große Gesetzgebung der Kreis- und Provinzialordnungen aus den 70er und 80er Jahren des vorigen Jahrhunderts für Preußen in ausgezeichneter Weise geschah.

So steht heute die großartige Organisation der allgemeinen Selbstverwaltung in Preußen neben der allgemeinen Staatsverwaltung, und ein ähnlicher Entwicklungsgang vollzog sich nach dem preußischen Vorbild in den anderen deutschen Staaten. **Diese Selbstverwaltung ist ein integrierender Bestandteil der allgemeinen Verwaltung.**

Neben dieser aber und unabhängig von ihr steht eine zweite Art der Selbstverwaltung: die Selbstverwaltung für besondere Interessen des Volkes. Vor allem kommen hier in Betracht die Interessen von Handel und Gewerbe sowie diejenigen der Landwirtschaft. In dem vielgestaltigen Erwerbsleben der modernen Welt haben sich vielfach noch Selbstverwaltungsorgane dieser Art in weiterer Gliederung dieser besonderen Interessen ausgebildet, auf die hier nicht näher einzugehen ist. Gemeinsam ist dieser

Gruppe von Selbstverwaltungsorganen die Pflege besonderer Interessen, im Unterschiede von den ersterörterten Selbstverwaltungsorganen, die allgemeinen Interessen zu dienen haben. Beiden Gruppen gemeinsam aber ist, daß sie nicht von Staats wegen bestellt werden, sondern aus freier Wahl des Volkes, sei es des Gesamtvolkes, sei es der besonderen Interessengruppen, hervorgehen. Daraus ergibt sich der Richtpunkt für das Verhältnis des Staates zu ihnen: daß der Staat ihnen gegenüber nur ein Aufsichtsrecht hat, das allerdings aus zwingenden Staatsinteressen bis zur Auflösung reichen kann, die aber nur als Auflösung des jeweiligen Personalbestandes, nicht als Aufhebung der Einrichtung selbst denkbar ist.

Über die beiden Arten der Selbstverwaltung, wie sie oben festgestellt wurden, fanden gelegentlich des Konfliktes von 1882 zwischen dem preußischen Handelsminister (Fürst Bismarck) und einer Reihe von Handelskammern im Abgeordnetenhause sehr wertvolle und lehrreiche Erörterungen statt (s. dazu Sten. Ber. d. Abg.-H. 1882, B. I, S. 724 ff.). Während die Vertreter der Staatsregierung (Böttcher und Möller) die Handelskammern für „Organe der Staatsverwaltung" erklärten, stand die überwiegende Mehrheit des Hauses auf dem Standpunkt, die Handelskammern seien Organe der Selbstverwaltung, und war es insbesondere der konservative Abgeordnete v. Rauchhaupt, der gegenüber dem Abgeordneten Dirichlet die beiden verschiedenen Arten der Selbstverwaltung in zutreffender Weise charakterisierte (s. S. 780 und 784 ff.).

II. Die Selbstverwaltung von Handel und Gewerbe.

1. Handel und Gewerbe waren allezeit ihrer Natur nach Sache des privaten Erwerbslebens. Unmittelbare Beteiligung des Staates an Handel und Gewerbe war immer nur die Ausnahme, die allerdings zeit- und stellenweise einen sehr großen Umfang annahm, insbesondere in der Form von Monopolen, sei es allgemeinen „Handelskompanien", sei es besonderen Staatsmonopolen, wie für Salz, Tabak, Zündhölzer, Branntwein u. a. m.

Die Streitfrage über den Rechtscharakter der staatlichen Verkehrsanstalten, insbesondere Post und Eisenbahnen, darf hier unerörtert bleiben.

Besondere Staatsbehörden für Handel und Gewerbe bestanden demgemäß nicht; erst die moderne Entwicklung hat besondere Zentralbehörden, die Handelsministerien, geschaffen.

2. Wohl aber ergab sich bei reicherer Entwicklung sehr bald das Bedürfnis besonderer Organe der Selbstverwaltung zur Wahrung und Förderung der Handelsinteressen (s. über die verschiedenartige Entstehung der deutschen Handelsvertretungen Behrend in Fleischmanns Wörterbuch d. Verw. R. II, S. 343 ff.). Dieses Bedürfnis führte bereits im Mittelalter zur Einrichtung der obenerwähnten Zünfte und Gilden, die in so bedeutsamer Weise in die deutsche Geschichte eingriffen, weiterhin aber verdarben und erstarben, bis die Neuzeit ihnen eine neue Gestaltung gab, ein gesetzgeberisches Problem, das heute noch nicht als abgeschlossen betrachtet werden kann.

Für den heutigen Staat Preußen (s. dazu Bornhak Pr.-St.-R. III, S. 455; v. Rönne Pr.-St.-R., 4. Aufl., III, S. 237 ff.) ergibt sich eine doppelte Entwicklungsreihe dieser besonderen Handelsvertretungen im Osten und Westen der Monarchie, die erstere anknüpfend an ältere deutsche Einrichtungen (s. dazu Lusensky, Handelskammergesetz, S. 15 ff.), die letztere beherrscht durch die Gesetzgebung der französischen Revolution (Ges. v. 3. November — 24. Dezember 1802, s. dazu Lusensky, S. 12 ff.); im Osten in der Regel unter der Bezeichnung: Korporation der Kaufmannschaft (Vorsteheramt der Kaufmannschaft, Kommerz-Kollegium), im Westen unter der technischen Bezeichnung des französischen Rechtes: Handelskammern; erst durch die neueste Gesetzgebung wurde diese letztere Bezeichnung die allgemeine. Die Aufgabe war grundsätzlich die gleiche; sie beruhte in den Korporationen des Ostens auf besonderen Statuten der einzelnen Vertretungen, die der staatlichen Bestätigung, erst des Königs, später des Handelsministers, bedurften; nach französischem Recht war die Aufgabe der Handelskammern durch Gesetz fest umgrenzt; die Neugestaltung der westlichen Handelskammern in Preußen aber erfolgte noch durch besondere Statuten, zuerst 1830 für Elberfeld-Barmen.

Die Mitgliedschaft der Kaufmannschaft, die durch diese Organe vertreten war, war im Westen obligatorisch wie nach der französischen Gesetzgebung, beruhte dagegen im Osten auf freiwilligem Beitritt. Seit 1843 (Verordnung vom 11. Februar) (Ges.-S. S. 63) wurde eine Vereinheitlichung des Rechtes der kaufmännischen Vertretungen, und zwar im Sinne des in den westlichen Provinzen geltenden Rechtes, erstrebt; eine große Anzahl von Handelskammern (33) im Osten und Westen wurden auf der Grundlage dieser Verordnung errichtet (Lusensky S. 21 f.).

Ihren Abschluß fand diese Entwicklung in dem Gesetze vom 24. Februar 1870 (G. S. S. 134). Dieses Gesetz legte die Grundsätze des Rechtes der westlichen Provinzen einheitlich fest und erhob sie zur ausschließlichen Norm für die Neuerrichtung kaufmännischer Vertretungen. Daneben aber blieben die alten kaufmännischen Vertretungen in einer Reihe von Städten des Ostens (Berlin, Königsberg, Danzig, Stettin, Magdeburg, Altona u. a.) aufrecht erhalten, da sie sich, wohlbewährt wie sie waren, gegen die Umgestaltung im Sinne des im Westen geltenden Rechtes sträubten (Lusensky S. 28 ff.; s. dazu auch Tellkampf bei Beratung des Gesetzes von 1870 im Herrenhause, der die freien Vereinigungen des Ostens als wohlbewährt bekundet, Sten.-Ber. d. H.-H. 1870, S. 213); zahlreiche neue Vertretungen in Städten des Ostens wurden aber nach der neuen Gesetzgebung gebildet. Staatliches Aufsichtsorgan ist nach dem Gesetz vom 30. Juli 1883 über die allgemeine Landesverwaltung (G. S. 195) der Regierungspräsident, und durch Gesetz vom 1. August 1883 über die Zuständigkeit der Verw.-Beh. (G. S. S. 237) §§ 136—138 wurden wichtige Streitfragen über Bildung und Verwaltung der Handelskammern — nicht aber die Frage des Auflösungsrechts — dem Verwaltungsstreitverfahren vor dem Bezirksausschuß überwiesen. Über Inhalt und Umfang des staatlichen Aufsichtsrechts bestehen bis zur Stunde noch zahlreiche ungelöste Streitfragen. Der Versuch einer einheitlichen gesetzlichen Regelung des Handelskammerwesens im Jahre 1896 scheiterte; eine Novelle, die unterm 19. August 1897 Gesetz wurde (G. S. S. 325, daraufhin Neuredaktion des ganzen Gesetzes ebenda), regelte eine Reihe von wichtigen Einzelheiten neu. Über die ganze Frage des staatlichen Aufsichtsrechtes siehe die eindringende Untersuchung von Stegemann in Schmollers Jahrbuch für Gesetzgebung XII, S. 623 ff. (vor der Novelle von 1897), die die grundsätzlichen Gesichtspunkte gut erörtert.

3. Die Rechtslage in den übrigen deutschen Einzelstaaten ist der preußischen analog; grundsätzliche Verschiedenheiten bestehen nicht (Angabe des Gesetzesmaterials bei Behrend a. a. O. S. 345).

Über die staatsrechtliche Stellung der Handelskammern fanden wiederholt in der preußischen Volksvertretung bedeutsame grundsätzliche Erörterungen statt, so insbesondere bei der Beratung des Gesetzes von 1870 sowie gelegentlich des Konfliktes des Fürsten Bismarck mit einem Teile der preußischen Handelskammern im Jahre 1882 (s. dazu Sten. Ber. d. Abg.-H. 1869/70 B. III, S. 1445 ff., Anl. B. I, S. 162, ferner 1882 B. I, S. 724ff.), insbesondere aber bei Beratung des gescheiterten Gesetzentwurfes von 1896.

Nach der französischen Gesetzgebung waren die Handelskammern zweifellos Staatsorgane, Behörden im staatsrechtlichen Sinne des Wortes. Auf diesem Standpunkte stand auch die preußische Verordnung von 1848, die im wesentlichen das französische Recht, wie es seit 1802 in den westlichen Provinzen galt, übernahm: die Handelskammern waren staatsrechtlich „Behörden".

Demgegenüber waren die Absicht der Gesetzgebung von 1870 und der staatsrechtliche Grundgedanke des unterm 24. Februar 1870 ergangenen Gesetzes andere. In den Motiven (Sten. Ber. v. 1870 Anl. B. I, S. 162) war dies dahin festgestellt: „Vermittelung der Beziehungen zwischen dem Handelsstande und der Staatsregierung"; die Kommission des Abgeordnetenhauses gab als Absicht des Gesetzes an: „in höherem Grade ihren autonomen Charakter zu wahren und sie von jeder entbehrlichen Einwirkung der Regierungsbehörde zu befreien"; der Minister Graf Itzenplitz bestätigte diese Absicht des Gesetzes mit den Worten: das Gesetz bezwecke „Verbesserungen im Sinne der Selbstregierung" der Handelskammern (Sten. Ber. d. H.-H. 1870, S. 214), und der Referent des Abgeordnetenhauses Jakobi bezeichnete die Handelskammern demgemäß direkt als „Organe der Selbstverwaltung" (Sten. Ber. d. Abg.-H. 1882 B. I, S. 734). Den schärfsten Ausdruck fand diese Auffassung in dem Antrag Richter auf Aufhebung der Handelskammern (Sten. Ber. d. Abg.-H. 1869/70 B. III, S. 1445 ff.), um den Charakter der Handelsvertretungen als „freie Vereinigungen" vollkommen klar zu stellen; dieser Antrag wurde zwar abgelehnt; aber es war jedenfalls durch die Verhandlungen von 1870 zweifellos festgestellt, daß die Auffassung, der die Regierungsvertreter bei den Verhandlungen im Jahre 1882 Ausdruck gaben: die Handelskammern seien Staatsorgane, sowohl nach der ministeriellen Erklärung von 1870 als nach der Auffassung der parlamentarischen Körperschaften bei den damaligen Verhandlungen durchaus irrig und der Absicht des Gesetzgebers widersprechend war. Die Motive des Gesetzes von 1870 enthalten demgemäß auch über die Staatsaufsicht gar keine Ausführungen; erst die Novelle von 1897 gab die in dieser Beziehung — auch für Selbstverwaltungsorgane — erforderlichen Vorschriften.

Die Handelskammern sollten nach der Gesetzgebung von 1870 sein und waren Selbstverwaltungsorgane in dem oben dargelegten Rechtssinne der besonderen Selbstverwaltung; sie waren und sind nicht „Behörden" im staatsrechtlichen Sinne, da sie nicht wesentlich der Staatsgewalt selbst ihre Entstehung verdanken, wie dies die Regierungsvertreter bei den Verhandlungen von 1882 behauptet hatten.

Ganz besonders bedeutsam für die Klärung dieser staatsrechtlichen Grundfrage waren die Verhandlungen über den Berlepschschen Gesetzentwurf von 1896. Dieser Entwurf war ganz auf den Grundsätzen der französischen Gesetzgebung aufgebaut: das gesamte Staatsgebiet sollte von Staats wegen in Handelskammerbezirke eingeteilt werden, von dem Gesichtspunkte aus, „räumlich ausgedehntere Kammern mit gesteigerter Leistungsfähigkeit" zu schaffen; die Handelskammern sollten zwar in ihrer sachlichen Wirksamkeit frei, in ihrer staatsrechtlichen Stellung aber lediglich Staatsorgane sein, gesetzlich mit weitgehenden Pflichten gegenüber dem Staat ausgestattet und unter weitgehender Staatsaufsicht stehend, die in das Auflösungsrecht des Staates ausmündete; der Regierungspräsident sollte als Aufsichtsorgan allen Sitzungen der Kammer beiwohnen können. Es bedarf keines weiteren Eingehens auf Einzelheiten; es genügt die Feststellung, daß durch diesen Entwurf, wenn er Gesetz geworden wäre, die Selbstverwaltung der Handelskammern grundsätzlich aufgehoben und diese in reine Staatsorgane verwandelt worden wären. Eben aber aus diesem Grunde erfuhr dieser Gesetzentwurf im Abgeordnetenhause eine so allgemeine Ablehnung von sämtlichen Parteien, wie sie selten einer Regierungsvorlage zuteil wurde, so daß die Regierung sang- und klanglos ihre Vorlage zurückzog.

III. Zuständigkeit des Reiches.

1. Die Angelegenheiten des Handels gehören nach der Weimarer Reichsverfassung nicht zur ausschließlichen Zuständigkeit des Reiches — R. V. a. 7 —, sondern zu der sog. „konkurrierenden Reichskompetenz" — R. V. a. 7. Die Einzelstaaten sind demnach zuständig, solange das Reich nicht von seiner Zuständigkeit Gebrauch gemacht hat. Das Reich aber ist jederzeit berechtigt, dies zu tun, und mit dem Inkrafttreten eines Reichsgesetzes würde alles Landesrecht auf diesem Gebiete außer Kraft treten, insoweit nicht das Reichsgesetz für solches ausdrücklich Raum läßt.

Die verfassungsrechtliche Möglichkeit eines Reichs-Handelskammergesetzes steht demnach außer Frage, und dieses Reichsgesetz könnte die Materie in vollem Umfange erschöpfend ordnen. Eine „Wahrung besonderer Landesinteressen" ist dem Reiche „auf dem Gebiete der Landwirtschaft, des Handels, des Gewerbes und der Industrie" nur durch Art. 83 R. V. vorgeschrieben hinsichtlich „der Verwaltung von Reichsabgaben durch Reichsbehörden". Außerdem würde ein Handelskammergesetz jedenfalls als ein „wirtschaftspolitisches" Gesetz „von grundlegender Bedeutung" zu betrachten sein, das demgemäß vor seiner Einbringung als Gesetzentwurf dem Reichswirtschaftsrat zur „Begutachtung" vorgelegt werden müßte (R. V. a. 165 Abs. 4); ferner würde die Reichsgesetzgebung in diesem Falle gebunden sein an die allerdings sehr allgemeine Norm des a. 164: „Der selbständige Mittelstand in Landwirtschaft, Gewerbe und Handel ist in Gesetzgebung und Verwaltung zu fördern und gegen Überlastung und Aufsaugung zu schützen."

In diesem Rahmen aber wäre die Zuständigkeit des Reiches vollkommen frei, die Rechtsverhältnisse der Handelskammern innerhalb des ganzen Reichsgebietes einheitlich und erschöpfend zu ordnen.

2. Das Reich gedenkt die ihm zugewiesene Aufgabe auszuführen. Der Entwurf eines Reichs-Handelskammergesetzes, der von der Geschäftsleitung des deutschen Industrie- und Handelstages ausgearbeitet wurde, liegt bereits vor. Dieser enthält allerdings nur einen allgemeinen Rahmen, den auszufüllen der Landesgesetzgebung und den Landesregierungen übertragen ist.

Der Reichsgesetzentwurf schreibt vor: ,,für das gesamte Gebiet der Länder des Deutschen Reiches sind Kammern zu errichten", (§ 2) als ,,die gesetzlichen Vertretungen der Unternehmer von Industrie, Bergbau, Handel, Verkehr und dem sonstigen Gewerbe mit Ausnahme des Handwerks, um die Interessen dieser Wirtschaftszweige wahrzunehmen" (§ 1). Danach wäre das Gesamtgebiet des Reiches in Handelskammerbezirke einzuteilen, während heute noch ein nicht unerheblicher Teil des Reichsgebietes ohne Handelsvertretung ist. Die Ausführung aber dieses allgemeinen Grundsatzes sollte durch die Landesregierungen erfolgen, die die Bezirke abzugrenzen haben und zwar erstmalig unter Anhörung der Beteiligten durch Regierungsanordnung, ,,später nach Maßgabe der Landesgesetze".

Für die Überleitung des bisherigen Zustandes in den neuen reichsrechtlichen enthält der Entwurf in den §§ 17 ff. nachstehende Vorschriften:

1. Die Abgrenzung der Bezirke erfolgt durch die Landesregierungen nach der wirtschaftlichen Zugehörigkeit, der Eigenart des Bezirks und der zur Aufbringung der Kosten genügenden finanziellen Leistungsfähigkeit; gegen die Entscheidung ist Berufung an das Reichsverwaltungsgericht eröffnet (§§ 2, 17);

2. Demgemäß sollen die bisherigen öffentlich-rechtlichen Vertretungen von Industrie und Handel ,,tunlichst" in Kammern des neuen Rechtes übergeleitet werden (§ 18);

3. Diese Überleitung sowie die gebotene ,,Aufteilung ihres Gebietes oder Abtrennung eines Teiles davon" an einen oder

mehrere der neuen Kammerbezirke kann für den Zeitraum von zwei Jahren nach Inkrafttreten des Gesetzes „nur mit Genehmigung der davon betroffenen Vertretung erfolgen"; wird die Genehmigung während dieser Frist nicht erteilt, so erfolgt die Entscheidung der Landesregierung über die Bildung der neuen Kammer oder neuen Kammern nach freiem Ermessen (§ 19);

4. Die neue Kammer tritt in die Rechte und Pflichten der alten ein; Zweifel, die „eine Auseinandersetzung erforderlich machen", sollen in erster Linie durch „Einigung der Beteiligten, mangels einer solchen von der Landesregierung durch einen „Verteilungsplan" erledigt werden (§ 20); dazu gibt § 21 noch eine Sondervorschrift bezüglich solcher Handelsvertretungen, „deren Mitgliedschaft auf freiwilligem Beitritt der Mitglieder beruht", wie dies bei den in den östlichen Provinzen noch bestehenden kaufmännischen Korporationen der Fall ist (s. dazu oben S. 174).

An Stelle der unter 3 geplanten Vorschrift ist eine Änderung des Entwurfes von seiten einer großen Anzahl bestehender Handelsvertretungen dahin beantragt, daß bei Versagung der Zustimmung nach der zweijährigen Frist „die Auflösung bzw. Zusammenlegung nur erfolgen darf, wenn die beitragspflichtigen Firmen mit Mehrheit zustimmen".

Der Gegensatz der Anschauungen liegt also darin, daß nach dem Entwurfe die Neubildung der Kammern durch Auflösung oder Veränderung der bisherigen im souveränen Ermessen der Landesregierungen liegt, während nach dem Abänderungsantrage eine solche nur auf Grund eines Mehrheitsbeschlusses der beitragspflichtigen Firmen soll erfolgen dürfen. Auf diesem letzteren Standpunkt steht die große Zahl von 62 Handelsvertretungen, darunter so bedeutender Handelsplätze wie Frankfurt a. M., Hagen, Hannover, Mannheim. Jedenfalls sträubt sich eine große Zahl bestehender Handelsvertretungen aufs äußerste gegen jede Vergewaltigung, für die kaum ein anderer triftiger Grund beigebracht werden kann, als die von anderen Handelsvertretungen erstrebte Machterweiterung durch Vergrößerung ihres Bezirkes, also ein rein äußerlicher Grund. Der Wert großer Handelskammerbezirke soll keineswegs verkannt werden. Aber sicherlich kann die Pflege der örtlichen Handelsinteressen in kleineren Bezirken viel intensiver erfolgen als in großen; jede umfassende Veränderung der bestehenden Bezirke müßte zu bedeutender Verwirrung führen, die gerade in der gegenwärtigen schweren Zeit nur die bedenklichsten Folgen für die Gesamtinteressen des deutschen Handels und damit des deutschen Vaterlandes überhaupt, insbesondere in den vom Feinde besetzten Gebieten, haben könnte (s. dazu noch unten Abschn. V). Und jedenfalls muß auch den Handelskammern kleinerer Bezirke die Anerkennung gezollt werden, daß sie sich vorzüglich bewährt haben, somit kein innerer Grund für deren Aufhebung ersichtlich ist. Vor öder Gleichmacherei und Schablonisierung ist aber auf keinem Gebiete mehr zu warnen, als auf dem des Handels, dessen Blüte in erster Linie auf der freien Arbeit des einzelnen beruht.

IV. Die Auflösung nach dem geltenden preußischen Recht.

1. Nach dem geltenden preußischen Rechte „unterliegt die Errichtung einer Handelskammer der Genehmigung des Ministers für Handel und Gewerbe. Bei Erteilung dieser Genehmigung wird zugleich über die Zahl der Mitglieder und, wenn die Errichtung für einen über mehrere Orte sich erstreckenden Bezirk erfolgt, über den Sitz der Handelskammer Bestimmung getroffen" (Ges. vom 24. Februar 1870/19. August 1897 § 2.)

Diese Gesetzesvorschrift beruht somit auf der Voraussetzung, daß die Errichtung selbst durch die beteiligten Interessenten erfolgt und durch den Staatsakt der ministeriellen Genehmigung lediglich ihren formellrechtlichen Abschluß findet; daß Anregungen auch behördlicherseits erfolgen, ist dadurch nicht ausgeschlossen; die Errichtung selbst aber ist Sache der beteiligten Handelsinteressenten; die Errichtung einer Handelskammer ohne deren Zustimmung oder gegen den Willen der beteiligten Handelskreise ist ausgeschlossen (s. dazu den Kommentar von Lusensky S. 66 ff.).

„Voraussetzung ist, daß der Wunsch nach Errichtung einer Handelskammer für einen Ort oder einen weiteren

Bezirk aus dem Kreise der in der Handelskammer vertretenen Berufsstände dieses Ortes oder Bezirks der Behörde gegenüber zum Ausdruck gelangt" (Lusensky).

Das Gesetz steht mit dieser Vorschrift auf dem Boden der historischen Entwickelung, die Jahrhunderte weit zurückreicht, daß derartige Interessenvertretungen von den beteiligten Kreisen selbst zu schaffen waren, wenn sie auch dann weiterhin in den staatlichen Verwaltungsorganismus eingegliedert und staatlichen Zwecken dienstbar gemacht wurden.

Der für die Errichtung geltende Grundsatz gilt auch für Veränderungen des Bezirkes der Handelskammern, „sei es, daß eine solche Veränderung durch Hinzufügung neuer oder durch Abtrennung bisheriger Gebietsteile erfolgt". Bei der Erweiterung von Handelskammern wird im wesentlichen nach gleichen Grundsätzen verfahren wie bei der Neuerrichtung.

„Auch die Ausscheidung einzelner Gebietsteile aus einer Handelskammer wird sich in ähnlicher Weise zu vollziehen haben" (Lusensky S. 68).

Jede derartige Maßnahme gegen den Willen der Beteiligten ist demnach als grundsätzlich unzulässig zu betrachten; der Minister ist nur in der Lage, die Genehmigung zu versagen. Dies ist auch der Standpunkt der preußischen Praxis (Lusensky a. a. O.).

Ob die erteilte „Genehmigung" des Staates als ein „wohlerworbenes Recht" im privatrechtlichen Sinne anzusehen ist, kann dahingestellt bleiben, da die oben angegebenen Grundsätze vollkommen Schutz gegen willkürliche Veränderungen gewähren.

2. Demgemäß enthielt auch das Gesetz von 1870 keine Vorschriften über die Auflösung von Handelskammern. Alles war dem Willen der beteiligten Handelskreise anheimgestellt, ohne daß ein Eingriff von Staats wegen rechtlich möglich war. Über eine durch organisatorische Maßnahmen gebotene Auflösung enthält auch die Novelle von 1897 keine Vorschrift: eine solche könnte nur durch Beschluß der Beteiligten erfolgen, ohne daß der Staat einzugreifen befugt wäre (s. dazu Stegèmann in Schmollers Jahrb. f. Gesetzgebung, B. XII, S. 623). Man war bei Erlaß dieser Gesetze der Überzeugung, daß die Entscheidung

derartiger Fragen den Beteiligten selbst und nur diesen anheimzustellen sei, da diese allein zur Wahrung ihrer Interessen berufen und befähigt seien. **Ein Auflösungsrecht des Staates behufs organisatorischer Neugestaltung von Handelskammern besteht somit nach dem geltenden preußischen Rechte überhaupt nicht.** Unter der Herrschaft des Gesetzes von 1870 erfolgte nur einmal die Auflösung einer Handelskammer von Staats wegen (Gleiwitz 1875) wegen „Unfähigkeit und Lässigkeit in Erfüllung ihrer gesetzlichen Aufgaben" (s. dazu Stegemann a. a. O.); daß für die so gut wie einmütige Ablehnung des Gesetzentwurfes von 1896 im Abgeordnetenhause der in diesem Entwurfe für den Staat erhobene Anspruch der Zwangsorganisation der Handelskammerbezirke mit dem darin liegenden Auflösungsrechte gegenüber bestehenden Handelskammern in erster Linie maßgebend für die Ablehnung war, wurde oben bereits hervorgehoben.

3. Dieser Rechtszustand erfuhr eine wichtige und richtige Veränderung durch die Novelle von 1897. Zwar wurde auch durch diese eine Auflösung aus organisatorischen Gründen nicht vorgesehen, und es blieb in dieser Beziehung beim bisherigen Rechte. Wohl aber wurde ein staatliches Auflösungsrecht dem Gesetze eingefügt als Ausfluß des staatlichen Aufsichtsrechtes; der Auflösungsbeschluß erfolgt auf Antrag des Handelsministers durch das Gesamtministerium.

Die Frage war im Anfang der achtziger Jahre streitig geworden (s. dazu v. Rönne, St. R. III, S. 238, Nr. 5). Der damalige Handelsminister, Fürst Bismarck, nahm zwar nicht ein Auflösungsrecht des Staates von Staats wegen in Anspruch, wohl aber das Recht, Handelskammern ihrer amtlichen Stellung innerhalb der Staatsverwaltung zu entheben und die Mitwirkung des Staates bei Erhebung der Beiträge zu versagen. Sowohl im Parlament wie in der Literatur wurde die Gesetzmäßigkeit dieses Vorgehens bestritten. Durch die Novelle von 1897 wurde sodann die Streitfrage in dem oben angegebenen Sinne, der Auffassung des Fürsten Bismarck gemäß, erledigt (§ 43 des Gesetzes in der neuen Fassung); doch ist von dem staatlichen Auflösungsrechte niemals Gebrauch gemacht worden (s. dazu Lusensky S. 203 f.). Das vom Gesetz nunmehr festgestellte Auflösungsrecht des Staates bezieht sich aber nach der ausdrücklichen Erklärung des Handelsministers bei Beratung der Novelle „lediglich auf die aktuelle Zusammensetzung der Handelskammer", nicht auf diese selbst; die Handelskammer als solche wird weder in ihrer öffentlichrechtlichen noch in ihrer privatrechtlichen Stellung von der Auflösung berührt; es hat lediglich eine neue Zusammensetzung derselben durch Neuwahl zu erfolgen (Lusensky 200 f.). Grundsätzlich ebendasselbe gilt von der Auflösung der Handwerkskammern nach Gewerbeordnung § 103a Abs. 3; nur hat hier das Gesetz selbst die Gründe des staatlichen Auflösungsrechtes genau spezifiziert. Für die alten kaufmännischen Korporationen in den östlichen Provinzen besteht ein Auflösungsrecht des Staates nicht (Behrend a. a. O. S. 344).

4. Endlich gehören hierher noch die Vorschriften des § 44 des Gesetzes, die bereits in dem Gesetze von 1870 enthalten waren. Durch diese wurde eine Anzahl älterer „kaufmännischer Korporationen" in den östlichen Provinzen der Monarchie, darunter Berlin, Königsberg, Danzig, Stettin, von der Geltung des neuen Gesetzes freigelassen, ihnen jedoch anheimgestellt, sich in Handelskammern des neuen Gesetzes umzugestalten, von welcher Befugnis bis jetzt nur Magdeburg und Altona Gebrauch gemacht haben. Als Rechtsform dieser Umwandlung war ein zu erlassendes neues Statut vorgeschrieben, das von der Korporation festzustellen sei, aber der Genehmigung des Handelsministers bedürfe. Über die Gründe, aus welchen die staatliche „Genehmigung" versagt werden kann, besagt das Gesetz nichts; als Wille des Gesetzgebers wird anzunehmen sein, daß das Statut den Vorschriften des Gesetzes entsprechen muß und die Versagung nur statthaft ist, wenn hiergegen verstoßen wurde. Jedenfalls aber ist die Umwandlung selbst in das freie Ermessen der Korporationen gestellt und jeder staatliche Zwang nach dieser Richtung ausgeschlossen. Somit kommt auch in diesem Punkte der die ganze Gesetzgebung beherrschende Grundgedanke zu klarem Ausdruck: daß für alle Handelskammersachen in erster Linie der Wille der beteiligten Handelskreise maßgebend bleiben müsse und von Staats wegen kein Ein-

griff in die freie Befugnis der Handelskammern erfolgen dürfe, ihre Angelegenheiten nach eigenem Ermessen zu ordnen, wie denn auch die Errichtung einer Handelskammer „die Äußerung eines entsprechenden Verlangens aus den Kreisen der Beteiligten voraussetzt" und „gegen den geschlossenen Widerstand dieser rechtlich nicht zulässig ist" (Lusensky S. 40).

V. Ergebnis.

Die heutigen Handelskammern sind herausgewachsen aus den kaufmännischen Vertretungen des Mittelalters, die ein Stück der deutschen Geschichte bilden und den Ruhm des deutschen Namens durch den „königlichen" Kaufmann über die Länder und Meere getragen haben. Diese kaufmännischen Vertretungen waren hervorgegangen aus der freien Initiative des Kaufmannstandes ohne jede Anregung oder Teilnahme des Staates oder der Gemeinden; vielfach aber kam in den freien Reichsstädten das Staatsregiment und in den landesherrlichen Städten das Stadtregiment in ihre Hände: nicht der Staat beherrschte sie, sondern sie beherrschten den Staat (s. oben S. 169f.). **Der kennzeichnende Charakterzug dieser kaufmännischen Vertretungen war jedenfalls: daß sie aus dem freien Antrieb des Kaufmannsstandes selbst hervorgegangen waren.** Daraus erklärt sich auch die örtliche Verschiedenheit der Organisation, welche noch bis zur Stunde andauert. Auch in England, dem Lande des großen Welthandels, sind es nur freie Vereinigungen, die dem Staate gegenüber die Interessen der Kaufmannschaft vertreten (siehe v. Kaufmann, Die Reform der Handels- und Gewerbekammern, S. 10).

In dieser staatsfreien Stellung haben die kaufmännischen Organisationen sich in geradezu großartiger Weise bewährt, nicht allein in der Pflege und Förderung der allgemeinen Handelsinteressen, sondern auch in der Fürsorge für die lokalen Handelsbedürfnisse ihres Bezirks, sei es sachlicher, sei es persönlicher Natur; durch Errichtung von Wohltätigkeits- und Fortbildungsanstalten, durch gemeinsame Einrichtungen, wie Lagerhäuser, Stapelplätze, See- und Flußschiffahrtsanstalten u. a. m., haben sie sich sowohl um die Handelsinteressen wie damit zugleich um die allgemeinen Interessen des Volkes überall hohe und bleibende Verdienste erworben.

Eine Ordnung ihrer Verhältnisse von Staats wegen und damit zugleich eine eingehende Normierung einheitlicher Art hat zuerst die französische Gesetzgebung unternommen, auf deren Grundlage im Anfang des 19. Jahrhunderts in den westlichen Provinzen der preußischen Monarchie Handelskammern eingerichtet wurden (s. oben S. 173 ff.). Die Rechtsverhältnisse der kaufmännischen Vertretungen, die in den östlichen Provinzen unter verschiedenen Namen bestanden, waren lediglich durch Einzelstatuten geregelt, während für die westlichen Provinzen das einheitliche französische Recht maßgebend war; der Grundunterschied zwischen den beiden Systemen war der, daß im Osten der Eintritt in die Korporation dem freien Belieben der einzelnen anheimgestellt war, während im Westen nach dem französischen Recht eine Zwangspflicht des Beitrittes bestand (s. oben S. 174).

Ausgezeichnet bewährt haben sich aber die Handelskammern des Westens in gleicher Weise wie die des Ostens; durch die ungeheure Entwicklung der deutschen Industrie seit Gründung des deutschen Zollvereins und vor allem seit Aufrichtung des Deutschen Reiches waren den Handelskammern des Westens vielfach besonders hohe und schwere Aufgaben gestellt, die sie, insbesondere infolge ihres nicht zu großen territorialen Umfangs, glänzend gelöst haben.

Als dann die preußische Gesetzgebung seit 1870 die einheitliche Regelung der Handelskammern für die ganze Monarchie in Angriff nahm, war das Maß von Staatsaufsicht, das in Anspruch genommen wurde, ein sehr geringes. In wahrer staatsmännischer Vorsicht waren Regierung und Parlament übereinstimmend der Überzeugung, daß die aus der Freiheit des Kaufmannstandes geborenen und in angestrengtester freier Arbeit zu machtvoller Höhe emporgewachsenen kaufmännischen Vertretungen in dieser ihrer Freiheit nicht mehr eingeschränkt werden dürften, als dies staatliche Gesamtinteressen unbedingt erforderten. So war insbesondere, wie oben dargelegt, in dem Gesetze von 1870 kein staatliches Recht der Auflösung von Handelskammern in Anspruch genommen worden.

Und in dem schweren Konflikte des Fürsten Bismarck mit preußischen Handelskammern über grundsätzliche Fragen der Wirtschaftspolitik hat selbst dieser machtvollste deutsche Staatsmann als preußischer Handelsminister nur das Recht beansprucht, widerspenstigen Handelskammern ihre öffentlich-rechtliche Stellung im Staate abzuerkennen, nicht aber sie aufzulösen. Der Entwurf von 1896, der die Handelskammern grundsätzlich in Staatsorgane umgestalten wollte, wurde vom Abgeordnetenhause einmütig abgelehnt (s. oben S. 177). Die Novelle von 1897 hat dann zwar das Auflösungsrecht des Staates durch Beschluß des Gesamtministeriums festgestellt; aber nach der ausdrücklichen Erklärung des zuständigen Ministers hat auch dieses Auflösungsrecht nur den Sinn der rechtlichen Beendigung des Mandates dieser Vertretung mit der Rechtsfolge von Neuwahlen, keineswegs aber den Sinn der rechtlichen Aufhebung der Handelskammer als solcher. **Der Bestand der aus der freien Initiative des Kaufmannstandes eines bestimmten Bezirkes hervorgegangenen Vertretung als solcher sollte unter allen Umständen von staatlichem Eingriff frei bleiben.**

Diesen Standpunkt einer weisen Gesetzgebung, wie er sowohl durch die ganze historische Entwicklung als durch die großartige praktische Bewährung der bestehenden kaufmännischen Vertretungen gegeben war, hat der vorliegende Entwurf eines Reichsgesetzes verlassen, indem er in § 19 die Möglichkeit einer staatlichen völligen Auflösung einer bestehenden Handelskammer vorsieht und zwar lediglich aus organisatorischen Gründen mit der Rechtsfolge der gänzlichen Beseitigung einer Handelskammer ohne Zustimmung, also auch gegen den Willen der beteiligten Interessenten. Zwar fügt § 18 der Ankündigung dieses nackten Gewaltaktes das Feigenblatt des Wortes „tunlichst" hinzu; aber die Willkür des staatlichen Gewaltaktes wird durch diese unbestimmte und deshalb in der harten Gesetzessprache unzulässige Redewendung in keiner Weise geändert.

Zu diesen allgemeinen Erwägungen tritt heute noch ein besonderer, aber auch besonders wichtiger Grund hinzu: **die Verhältnisse der Handelskammern in den vom Feinde besetzten Gebieten.**

Der vorliegende Gesetzentwurf richtet sich offensichtlich mit Schärfe gegen die Handelskammern mit kleinerem Territorialbezirk. Und es muß ohne weiteres zugegeben werden: die Zweckmäßigkeit einheitlicher Vertretung der Handelsinteressen größerer Bezirke ist ein erstrebenswertes Ziel, dessen Verfolgung in ruhigen Zeiten im Allgemeininteresse erwünscht sein wird. Die Frage, ob nicht für jeden Regierungsbezirk eine Handelskammer einzurichten sei, verdient ernste Prüfung. Eine solche mag in ruhiger Zeit in gewissenhafter Arbeit vorgenommen werden; die Zeit der gegenwärtigen ungeheuren Schwierigkeiten aber ist hierfür durchaus ungeeignet, und die gesetzgeberische Inangriffnahme des Problems würde diese Schwierigkeiten nur in gefährlichster Weise steigern.

Die gewaltige Entwicklung von Handel und Industrie in den westlichen Landesteilen hat die Errichtung einer größeren Zahl von Handelskammern für kleinere Bezirke in diesen Gebieten zur Folge gehabt. In segensreicher Weise haben diese Handelskammern ihre Aufgabe erfüllt und insbesondere seit der Zeit der Besetzung dazu beigetragen, die zahlreichen und bedeutenden Schwierigkeiten zu überwinden, die die Besetzung für die Handelsinteressen mit sich bringen mußte. Es sei nur an die Schwierigkeiten des Personenverkehrs durch Paßvorschriften, des Güterverkehrs durch Verkehrsscheine, an die Rheinzollgrenze, an die Schikanen des Ausfuhramtes in Ems, an die Unterbrechungen und Sperren im Telegramm- und Telephonverkehr erinnert. Alle diese zahllosen Schwierigkeiten haben den Handelskammern nicht nur eine Fülle von Mehrarbeit gebracht, sondern sie haben den Handelsstand aufs engste mit den Handelskammern, die seine Interessen mit Energie und Erfolg vertraten, verbunden. Gerade der Umstand, daß der einzelne in dem kleineren Bezirke seine Handelskammer, die ihm Schutz und Rückhalt uud vielfache Belehrung bot, leicht zu erreichen vermochte, hat die Überwindung großer Schwierigkeiten in vielfacher Art erleichtert, ja sie häufig überhaupt ermöglicht; nur durch genaue Kenntnis der Verhältnisse des Bezirks bis ins einzelste und kleinste einerseits und durch das unbedingte Vertrauen der Kaufmannschaft zu ihrer Handelskammer, wie sie der geringere Umfang des zu vertretenden Bezirkes mit sich brachte, konnten die ungeheuren Schwierigkeiten, die die Besetzung zur Folge hatte, einigermaßen bewältigt werden. Von welch ungeheurer Bedeutung im allgemeinen nationalen Interesse zur Erhaltung und Stärkung des Deutschtums diese Arbeit gerade der kleinen Handelskammern des Westens war und ist, kann nicht stark genug betont werden.

Es müßte geradezu als eine verbrecherische Torheit bezeichnet werden, wenn die Gesetzgebung in der jetzigen katastrophalen Zeit in diese auf bewährtem gegenseitigen Vertrauen beruhenden Verhältnisse störend und damit zerstörend eingreifen wollte; ein großes nationales Kapital würde damit in leichtfertiger Weise der schwersten Gefährdung ausgesetzt.

Das Schlußergebnis der Untersuchung ist somit folgendes: Ein staatliches Auflösungsrecht gegenüber bestehenden Handelskammern ohne Zustimmung der beteiligten Interessenten, wie es der Schlußsatz des § 19 des Entwurfs eines Reichsgesetzes in Anspruch nimmt, widerspricht der gegenwärtig in Kraft stehenden preußischen Gesetzgebung; es widerspricht ebenso der ganzen historischen Entwicklung der deutschen Handelsvertretungen, die aus freier kaufmännischer Initiative hervorgegangen sind; es widerspricht ferner dem Grundsatze, der die ganze bisherige gesetzgeberische Tätigkeit auf diesem Gebiete beherrschte, daß die kaufmännischen Interessenten der in Frage kommenden Bezirke allein zuständig sind für das richtige Urteil darüber, ob und für welchen Bezirk eine kaufmännische Vertretung erforderlich sei; es widerspricht weiter der Gerechtigkeit, die anerkennen muß, daß die kaufmännischen Vertretungen in Deutschland ihre Aufgabe in angestrengtester Arbeit und mit bestem Erfolge erfüllt haben; es widerspricht endlich der staatsmännischen Weisheit des Grundsatzes „quieta non movere", da für ein derartiges gewaltsames Eingreifen des Staates in die freie Erwerbstätigkeit des Kaufmannsstandes und die hierfür geschaffenen Einrichtungen keinerlei zwingendes staatliches Bedürfnis anerkannt werden kann, zumal in einer Zeit, die dermaßen von Unruhe in äußeren wie inneren Dingen des Staates erfüllt ist, wie die gegenwärtige. Der großen Schwierigkeit der privatrechtlichen Auseinandersetzung, insbesondere für die zahlreichen von den bisherigen Organisationen geschaffenen Anstalten und Verkehrseinrichtungen, soll dabei nur nebenbei gedacht werden.

Der Reichsgesetzentwurf kehrt trotz der im Jahre 1896 gemachten traurigen Erfahrungen im preußischen Abgeordnetenhause vollständig zurück zu der grundsätzlichen Auffassung des damaligen Regierungsentwurfs; er setzt für die Handelskammern an die Stelle der auf germanischen Rechtsgedanken beruhenden Selbstverwaltung die auf französisch-cäsaristischen Gedanken beruhende Zwangsorganisation des Staates. Daß die in den Parlamenten zum Ausdruck kommende öffentliche Meinung heute noch entschiedener als im Jahre 1896 die Verdrängung des germanischen freien Selbstverwaltungsgedankens aus der deutschen Handelskammergesetzgebung durch den französisch-cäsaristischen Zwangsgedanken mit Entschiedenheit ablehnen werde, darf mit Bestimmtheit erwartet werden.

Eine rechtliche Auflösung bestehender Handelsvertretungen wird von einer vorsichtigen Gesetzgebung nur dann in Aussicht genommen werden dürfen, wenn die beteiligten Interessenten selbst eine solche für notwendig oder zweckmäßig anerkannt und demgemäß einer solchen zugestimmt haben. Jede ohne diese Zustimmung erfolgte Auflösung ist ein Gewaltakt, vor dem sich sorgfältig zu hüten der Staat die allerdringendste Ursache hat.

Printed by Libri Plureos GmbH
in Hamburg, Germany